AF262352

Paris, le 24 février 1875.

J'ai l'honneur de vous adresser l'*Avant-propos* d'un ouvrage en impression, su
lequel j'ose appeler votre bienveillant intérêt.

J'ai pensé que la lecture de ces quelques pages, mieux que tous les commen
taires, vous permettrait d'apprécier le mérite et l'opportunité d'un tel livre dans u
tel moment.

Pour les neuf dixièmes de nos compatriotes, la France ne date que de 1793
— Arrachée à l'esclavage par la Révolution, elle lutte depuis quatre-vingts ans pou
son indépendance trois fois reconquise ; elle brise aujourd'hui les dernières en
traves du despotisme pour s'élancer demain dans la voie du progrès sur les aile
de la liberté. Voilà comment on écrit l'histoire, et voilà comment la foule ignorant
prend au sérieux le pénible et fastidieux travail des lois constitutionnelles.

Apprendre à ceux qui ne l'ont jamais su et rappeler à ceux qui l'ont oublié qu'e
1793 notre histoire comptait déjà quatorze siècles d'une incomparable splendeu
— Exposer dans une analyse rapide et lumineuse l'ensemble des lois, des usage
et. des coutumes qui formait, pour notre vieille monarchie, cette merveilleus
constitution qui fit de la France le plus beau royaume de l'univers. — Prouve
enfin que cette constitution ancienne déjà et pourtant toujours nouvelle est encor
aujourd'hui le seul port du salut et le seul principe de la résurrection de notr
infortunée patrie, voilà le but que s'est proposé l'auteur des *Nationaux et d*
Partis.

Permettez-moi, M   , de compter sur votre dévoué concours pou
m'aider à répandre cet ouvrage appelé, je crois, à réconcilier, avec le princip
fécond de notre monarchie nationale, bien d'innocents ennemis que vous verr
aussi heureux que surpris d'apprendre que le meilleur ami du peuple a toujou
été et sera toujours...... le Roi.

FÉCHOZ,

ÉDITEUR ROYALISTE,

Paris, 5, rue des Saints-Pères.

LES NATIONAUX ET LES PARTIS

BEAU VOLUME IN-18 JÉSUS

MODE DE SOUSCRIPTION

Cet ouvrage est essentiellement un ouvrage de propagande ; les prix suivant
ne sont établis que dans ce but :

PRIX DE L'OUVRAGE

Par unité, 5 fr. — Par 25 exempl., 4 fr. — Par 50 ex., 3 fr. — Par 100 ex., 2 fr. 50

Par 1000 exemplaires, 2 francs.

Prière de remplir ce bulletin et de l'adresser sous enveloppe à M. FÉCHOZ, 5, rue des Saints-Pères, Paris

BULLETIN DE SOUSCRIPTION

Je souscris à *   *exemplaires de l'ouvrage intitulé*
les NATIONAUX ET LES PARTIS, *que M. Féchoz voudra bien m'adresser*
contre remboursement à l'adresse suivante :

M ____

____

____

Signé :

A M. FÉCHOZ, éditeur, à Paris.

* Mettre en toutes lettres le nombre d'exemplaires.

LES

NATIONAUX

ET LES PARTIS

LES
NATIONAUX
ET LES PARTIS

ÉTUDE

DES INSTITUTIONS DE LA FRANCE, DE SON DROIT NATIONAL,
ET DE LA SOLUTION CONSTITUTIONNELLE APRÈS LA GUERRE DE 1870

PAR

ERNEST LAROCHE

DE LA CHARENTE

> « Lex fit consensu populi
> » et constitutione regis. »

PARIS

J. FÉCHOZ, LIBRAIRE-ÉDITEUR

5, RUE DES SAINTS-PÈRES, 5

1875

AVANT-PROPOS

Depuis la première Révolution, les problèmes les plus difficiles touchant l'organisation du pouvoir n'ont pas cessé d'agiter la société française; mais c'est surtout aux époques troublées, lorsque les institutions que l'on avait cru définitives, ont été tout à coup bouleversées , que des solutions diverses et contradictoires ont été proposées. De telle sorte qu'il serait assez difficile de décider si l'instabilité des gouvernements a été plus grande que les variations de l'opinion publique. Les hommes les plus considérables ont très-souvent changé de conduite ; ils ont entouré de leurs sympathies au moins apparentes, ils ont soutenu par leurs discours et par leurs écrits tantôt un gouvernement et tantôt un autre; les partis se sont formés et dissous, et à mesure que les révolutions se succédaient, les divisions se multipliaient. Les ennemis de tout ordre social profitant des faiblesses des uns, des défaillances des autres, faisaient leur œuvre; ils pervertissaient les masses et menaçaient d'une destruction complète ce qu'il y a de plus respectable au monde: la religion, la famille, la propriété. Dans les moments de calme, on pouvait encore se faire illusion sur leurs secrets desseins; mais aux jours de crise, les plans tenus cachés s'étalaient en pleine lumière et se manifestaient par des catastrophes terribles.

Il semble donc qu'en présence d'une telle situation, il ne devrait plus y avoir aujourd'hui que deux opinions : celle des gens de bien et celle des hommes de désordre. Malheureusement, il n'en est pas ainsi; les vérités les mieux démontrées, les solutions les plus conformes à la nature, aux mœurs, aux traditions de l'esprit français, ne sont pas acceptées par tous les honnêtes gens. D'accord sur la nécessité de combattre le radicalisme, ils diffèrent sur les moyens à employer. Trop longtemps ils se sont combattus et ont travaillé à se nuire pour assurer le triomphe de leur parti. Il ne faut pas seulement s'affliger de cet antagonisme; c'est un devoir impérieux de dissiper les malentendus qui entretiennent les divisions. L'auteur de ce livre ne s'est pas proposé un autre but.

Il n'a pas voulu faire une œuvre littéraire ou historique. Toutes les questions soulevées dans cet ouvrage ont été traitées souvent et quelquefois par des hommes éminents ; mais, ou leurs livres, remarquables à tant de titres, sont déjà anciens et ne sont plus lus que par un petit nombre de personnes, ou ils ne sont pas accessibles à la majorité des lecteurs. On ne les a pas reproduits; mais on s'est inspiré des principes qu'ils défendent et on a fait tous les efforts possibles pour vulgariser les doctrines auxquelles est attaché le salut de la société.

Persuadé que la vie des peuples ne se borne pas à un petit nombre de générations, mais qu'elle en embrasse une longue durée, on a dû rechercher dans l'histoire, les lois constitutives de la France. Cette étude ne paraîtra pas superflue à ceux qui pensent que les institutions du passé exercent une influence considérable sur le caractère d'une nation. D'ailleurs, en recherchant les lois fondamentales antérieures à la Révolution, on a montré comment dans notre pays le progrès s'est concilié avec la stabilité, comment la liberté et la monarchie, loin d'être ennemies, peuvent marcher de pair et se prêter un mutuel appui. On voudrait faire pénétrer cette conviction dans l'esprit du grand nombre; car non-seulement elle s'appuie sur la raison, mais encore elle ressort de tous les faits de notre histoire.

Il ne suffisait pas de prouver cette vérité, il fallait montrer comment la Révolution, en méconnaissant le caractère de notre constitution nationale, a jeté la perturbation dans les esprits. La raison, c'est que cette Révolution a été faite d'après des théories préconçues, qu'elle a voulu saper jusque dans ses profondeurs le vieil édifice de la société française, ne distinguant pas entre les abus et les institutions elles-mêmes. Ainsi tout s'est trouvé détruit, et les pouvoirs nouveaux n'ayant plus de base sérieuse, l'état de trouble s'est perpétué, et la période ouverte en 1789 n'a plus été qu'une longue suite d'agitations, de luttes, de bouleversements.

Ce n'est pas impunément que l'on trouble la vie d'un peuple. Les faux systèmes politiques ne peuvent acquérir droit de cité, si les principes philosophiques n'ont auparavant corrompu les esprits. Lorsque le mal intellectuel et le mal moral ont gangrené une nation, il faut renoncer à la prospérité d'un pays; car la politique ne doit pas se séparer de la morale. Il y a entre ces deux choses une relation intime; l'une est la conséquence de l'autre.

C'est en vain qu'on essaierait de le nier; dans cette cause, les faits parlent assez haut pour qu'il soit possible de négliger l'enseignement qu'ils donnent. Si l'on veut bien suivre le développement de cet ouvrage, on se convaincra de cette vérité, et on sentira combien sont importantes les réformes de l'ordre intellectuel et de l'ordre moral, pour asseoir sur des fondements solides un pouvoir qui sache enfin consacrer l'ordre sans tomber dans la dictature et fonder la liberté sans autoriser la licence.

L'esprit révolutionnaire est avant tout un esprit de négation. Il étale ses prétentions avec un orgueil qui va jusqu'au cynisme; il professe un profond mépris pour les hommes et les choses qui ont fait la gloire de la France; mais si l'on cherche à découvrir ce que renferment les formules solennelles dont se servent les adeptes du parti, on reconnaîtra sans peine que si les révolutionnaires peuvent beaucoup lorsqu'il s'agit de détruire, ils sont absolument incapables de rien édifier. C'est qu'en effet, il y a des principes et des vérités que l'on ne peut rejeter sans nier la société elle-même.

Réforme et révolution ne sont pas synonymes, loin de là; c'est pourquoi on s'est attaché à démontrer que la monarchie traditionnelle représentative offrait à tous les intérêts, à toutes les aspirations légitimes les satisfactions qu'ils peuvent espérer. Pour cela, il a fallu combattre beaucoup de préjugés, réfuter de nombreuses erreurs. C'était une des grandes difficultés de la tâche qu'il fallait accomplir pour défendre la vérité, en respectant toujours la bonne foi de ceux qui se trompent.

Pour l'auteur, le rétablissement de la monarchie traditionnelle est la condition indispensable du progrès politique, de la réforme sociale, du salut de la France. Malgré tous les soins qu'il a pris pour l'éviter, il craint qu'une équivoque se produise et que l'on interprète mal sa pensée : quand on parle de la légitimité, de la monarchie héréditaire, on risque fort d'être accusé de vouloir restaurer les abus de l'ancien régime.

Il n'en est rien ; il est des choses qui deviennent caduques par la marche du temps et qu'il ne faut pas même songer à rétablir; mais il en est d'autres qui s'imposent à tous les gouvernements et qu'il faut conserver, quelque forme que prenne le pouvoir. En un mot, l'ordre matériel est inséparable de l'ordre moral. On ne peut assurer le premier sans fortifier le second. On aura des armées nombreuses pourvues d'armes perfectionnées, mais à quoi servira l'organisation la plus complète, sans la soumission à la loi et sans le respect de la discipline ? — Les administrations pourront être remplies de fonctionnaires intègres, peu importe, si les mœurs sont corrompues et si le pouvoir ne donne pas l'exemple de la dignité et de l'honneur.

Il faut donc que tous les vrais conservateurs, tous ceux qui ont le sentiment des dangers que le radicalisme fait courir à la société, s'unissent dans une pensée de réparation et de salut social; qu'ils n'abandonnent pas la direction du mouvement aux utopistes ou aux personnages compromis par leur alliance avec les ennemis de tout ordre.

Tout n'est pas perdu ; si triste que soit encore l'heure présente, elle montre cependant ce que peuvent les gens de bien lorsqu'ils savent se rapprocher et s'unir. Que le grand exemple donné par l'Assemblée Nationale le 24 mai 1873 ne soit pas stérile. Il y a dans cet événement pour les honnêtes gens, à quelque parti qu'ils appartiennent, un encouragement et une espérance. Sans doute les

radicaux sont dangereux, ils exercent sur les masses
une influence désastreuse , mais cependant, pour
faire prévaloir leurs doctrines ils ont besoin de
dominer ou d'être soutenus par le pouvoir. Le
jour où toutes les forces sociales, se tourneront ou-
vertement contre eux, ils seront obligés de baisser
la voix et ils n'oseront plus afficher publiquement
leurs insolentes revendications.

Qu'on ne s'y trompe pas, le radicalisme n'est
pas un parti politique, c'est une secte qui s'appuie
sur de faux systèmes philosophiques ; l'effort ne
doit donc pas se porter uniquement sur la forme
du gouvernement, sur la marche des pouvoirs
publics, mais sur les principes éternels de la
Vérité et de la Justice. Or, quoi que disent les
philosophes rationalistes et les savants patentés
de la démocratie, il est impossible d'édifier rien
de stable sans une base fixe. Cette base, la religion
seule peut l'offrir. Elle est la pierre fondamentale
de l'édifice, tous ceux qui la rejetteront verront
leurs intentions les plus pures, leurs efforts les
plus persévérants frappés de stérilité. La morale
indépendante est une absurdité qui ne supporte pas
l'examen. Quand la religion diminue chez un peuple, la morale disparaît, et avec elle, le respect de
l'autorité. Alors toutes les revendications, même

les plus injustes, éclatent avec une violence inouïe, et elles se traduisent en révoltes sanglantes et en crimes détestables.

Ainsi la vie morale est intimement liée à l'ordre religieux, de même que l'ordre politique est uni à l'ordre moral; d'où il suit que l'ordre politique ne peut être rétabli en dehors de la loi formulée par le Décalogue.—Cette vérité, professée par des esprits éminents, commence à se répandre, elle rencontre chaque jour des adhérents plus nombreux, il faut la faire pénétrer plus avant encore.

Les Nationaux et les partis : Pourquoi ce titre ? Où sont les Nationaux ? — Où sont les partis ?

Les générations qui, du petit duché de France moins grand que la Belgique, ont fait un État tel que la France était en 1789 le plus beau royaume de l'univers, celles-là étaient les *Nationaux*. Les lois, les ordonnances, les règlements et les coutumes de ces temps, furent les éléments divers qui formaient la constitution, et la première de ces lois, base fondamentale de l'édifice, est celle qui consacrait la monarchie héréditaire. La durée du consentement tacite donné par le peuple français à cette constitution était quatorze fois séculaire, lorsque, en 1789, la nation tout entière, appelée à faire connaître ses sentiments, vint les écrire dans ses cahiers ; et là, non pas inventer et décréter un pacte nouveau, mais constater et acclamer, dans le plus vrai et le plus spontané des plébiscites, cette constitution quatorze fois séculaire, c'est-à-dire, la monarchie héréditaire dans la famille de Louis XVI.

Il est bien évident qu'une nation entière constatant et acclamant son droit national, n'est pas un parti. Les Français qui ont voté ce grand plébiscite, qui depuis et aujourd'hui encore continuent de le défendre, ceux-là seulement sont toujours *les Nationaux*, et leurs adversaires, quel que soit le but où ils tendent, sont incontestablement *les partis.*

Notre premier chapitre, *Les institutions de la France avant* 1789, comprend quatre époques, savoir : *Les Francs et leurs Assemblées nationales,* — *La féodalité,* — *Les états généraux,* — *La monarchie absolue ou l'ancien régime.* L'étude de ce chapitre, écrit à l'aide de documents historiques irrécusables, prouvera au lecteur que, contrairement aux dires de l'école révolutionnaire, la France, avant le serment du Jeu-de-Paume, possédait une

Constitution, alors même que pendant la période féo-
dale, (environ quatre cents ans, de la mort de Charle-
magne au règne de saint Louis,) et les cent soixante-
quinze années de la monarchie absolue, (de Louis
XIII à Louis XVI,) le fonctionnement de cette constitution ait été suspendu.

Puis, abordant le chapitre de la *Révolution*, on
verra ce qu'il faut penser de cette époque qui
nous saisit tout d'abord par deux grands courants :
le mouvement national de 1789, — les agissements
révolutionnaires. Le premier ayant pour objet la
suppression des abus, que tous les ordres in-
distinctement voulaient réaliser ; le second nous
donnant le lamentable spectacle de toutes les erreurs et de tous les excès qui ont empêché le bien
et laissé la semence de nos maux actuels.

- Ces maux, notre troisième chapitre nous en
fournit le bien triste bilan, avec quelques aperçus
sur les causes de nos misères, et la justification
de cette vérité : *L'impuissance du scepticisme en
matière politique.*

Cette série de constatations nous amène aux
faits contemporains et aux solutions mêmes de
l'heure présente.

Mais, avant d'aborder les discussions relatives
à l'empire, à la république ou à la monarchie,

il est un problème dont la solution nécessaire marque le point de départ indispensable de toutes recherches, et sans laquelle toute discussion est absolument frappée de stérilité.

Ce problème est celui-ci : Quelle doit être la base de tout gouvernement sérieux ? — Est-ce le droit divin, entendu ainsi que l'école révolutionnaire voudrait faire croire que les royalistes le comprennent, — est-ce la souveraineté du peuple, — ou bien, enfin, est-ce la souveraineté du droit, c'est-à-dire, *le droit national des États ?*

Obligé de répondre à cette question, (IVe chapitre), nous montrons qu'il n'y a pas de droit divin dans le sens que l'on donne communément à ces mots ; — puis, revenant plus tard sur ce sujet, nous citons de nombreux documents qui prouvent que ni aucun roi de France, ni aucun corps de l'État, ni aucun royaliste autorisé, n'a jamais préconisé la prétendue doctrine du droit divin, laquelle n'est autre chose qu'une machine de guerre inventée par les ennemis de notre droit national. Vient ensuite, *la souveraineté du peuple* ; nous la traitons avec assez de développements, au double point de vue du droit et des faits. Cette doctrine est fausse ; désastreuse, parce que ses conséquences sont incompatibles avec la stabilité, sans laquelle il n'y a ni grandeur des États ni bien-être des peuples.

Le suffrage universel n'a pas qualité pour créer un gouvernement; il est impuissant à fonder un gouvernement stable.

Notre cinquième chapitre appartient *aux Nationaux.* La négation du droit divin, la fausseté et les dangers de la souveraineté du peuple étant démontrés, nous avons dû rejeter ces doctrines, pour affirmer et opposer à *la souveraineté du peuple*, la souveraineté du droit, c'est-à-dire, *le droit national des États.*

Dès lors, il nous fallait étudier, immédiatement, en quoi consiste le droit national de la France.

Ce droit est la résultante de deux principes constitutifs : 1° Le droit politique de la nation, — 2° Le droit de la nation au droit royal héréditaire pris dans son sens vrai.

Étudiant tour à tour ces deux principes constitutifs, un rapide résumé historique révèle l'origine, les développements et la mise en action du droit politique de la nation.

En ce qui touche le droit royal héréditaire, il fallait, tout de suite, traiter la question d'hérédité en général; puis, rechercher et montrer le sens vrai de ces mots : *Droit royal*, qui n'est point celui que les radicaux tiennent à lui donner.

Ces considérations autorisent maintenant la définition suivante : *Le droit national de la France est la résultante de l'action simultanée des deux principes qui constituent ce droit, savoir : Le droit politique de la nation ; en second lieu, le droit de la nation au droit royal héréditaire.*

Nous terminons ce que nous avions à dire, dans cet ordre d'idées, en montrant l'origine et la base du droit royal héréditaire du chef de la maison de France. Il nous est alors facile d'expliquer ce qu'il faut entendre par le gouvernement légitime de notre pays, de faire voir l'usage que nos rois ont fait de leur autorité, de signaler l'œuvre de la monarchie traditionnelle représentative avec la situation qui est faite, à tous, sous son gouvernement. Ce chapitre des Nationaux se termine par une étude, très-développée, sur M. le comte de Chambord.

Les partis font l'objet du sixième chapitre. Après quelques aperçus sur l'origine, la classification des partis et des appréciations sur l'ancien parti orléaniste, nous étudions le bonapartisme ; puis, la longue liste des républiques : république de droit divin, république radicale, les diverses républiques selon le socialisme, et surtout, cette

ingénieuse découverte d'une *république conservatrice*. Nous nous attachons à mettre en lumière les
principes, le but apparent ou caché des docteurs
de toutes ces républiques.

Parvenu à notre septième chapitre, nous abor-
dons la solution constitutionnelle, c'est-à-dire, la
recherche et l'affirmation du gouvernement qu'il
est indispensable de donner aujourd'hui à la
France. Nous commençons par montrer que les
raisons opposées au rétablissement de la monarchie
traditionnelle représentative sont des erreurs ou
des préjugés sans portée. Puis, arrivant à l'examen des prétentions affichées par les partis, nous
en faisons voir tout le mal fondé : — En ce qui
touche les impérialistes, c'est l'inanité de leur pré-
tendu *droit nouveau*, et les périls de l'inévitable
pouvoir personnel des Bonaparte.

Passant aux républicains, nous les jugeons par
leurs œuvres, qui, de nos jours, sont encore ce
qu'elles furent jadis. Leur double prétention,
c'est-à-dire, le *droit divin de leur république* et le
bonheur du peuple qu'eux seuls peuvent réaliser,
étant discutée et appréciée, mène forcément à
cette conclusion : « La république radicale, c'est
» l'anarchie organisée, ou le despotisme sangui-
» naire d'une Convention, conduisant fatalement au

» despotisme césarien, prélude de nouvelles com-
» plications, de nouvelles invasions. »

Nous vous concédons les dangers du radicalisme;
mais la République peut bien être organisée et
conduite par d'autres hommes que les radicaux.
— Ainsi parle une sorte de républicains qui croit
être née d'hier, et qui est déjà vieille ; car, il y a
longtemps qu'elle assiste au parfait insuccès de
toutes les prétendues constitutions qu'elle imagine
et impose à la France. C'est égal. — Elle ne se
décourage pas, et ces sceptiques de la politique,
les hommes de la république conservatrice, sont,
à peu près tous, pourvus d'un petit système de
gouvernement dont chacun d'eux est l'inventeur.

La vérité est que la république conservatrice ne
saurait être autre chose qu'une étape menant à la
république radicale.

Les qualités des formes de gouvernement ne
peuvent être absolues; telle forme qui convient
à un pays ne convient point à un autre. C'est
qu'en effet, par des raisons physiologiques, mo-
rales et historiques, on montre aisément que la
vraie constitution d'un peuple, c'est-à-dire celle
que l'histoire, les mœurs et le temps seuls ont
faite, est la vie de ce peuple, et au contraire, que
tout autre arrangement, en dehors de sa constitu-

tion *vraie*, est sa mort. Ces principes inattaquables pourtant, n'ont, hélas! point la puissance de modérer l'ardeur de nos incorrigibles idéologues : *les constituants de cette époque.*

Nous terminons ce septième chapitre par l'affirmation de quelques propositions justifiées ; entre autres, la foi politique et ses conséquences ; puis, touchant bientôt le port, nous recherchons les causes de notre impuissance à établir le gouvernement fort, sérieusement libéral, définitivement fondé, qui, seul, peut relever la France et pourvoir à toutes les réclamations légitimes de la classe ouvrière.

Il est à peine utile d'insister sur la nécessité de nous procurer des alliances. Or, point d'alliances sans rompre avec la Révolution. Donc, nous devons répondre à cette question : qu'est-ce que rompre avec la Révolution?

Enfin, après ces études finales, nous montrons le droit et le devoir de l'Assemblée nationale, de constituer le gouvernement définitif du pays, et notre conclusion, — pressentie depuis longtemps, — est la restauration de notre droit national, dans la personne du chef actuel de la maison de France.

Notre livre, on le voit, est, à peu près, un cours complet de la vraie politique nationale de la France.

Les personnes qui, pour des motifs divers, n'ont
pu étudier suffisamment nos institutions et les
graves questions qui se rattachent à l'organisation
des sociétés et des gouvernements, — de manière
à se trouver, à l'heure présente, en mesure d'affirmer la solution vraie qu'il est indispensable de
donner aux difficultés politiques du moment, —
trouveront dans ce livre tout ce qu'il importe de
savoir, pour connaître cette solution vraie, et
avoir réponse concluante à toutes les objections qui
peuvent y être faites.

Simple soldat dans la grande armée de la con-
servation sociale, nous nous sommes dévoué, dans
la mesure de nos forces, à la restauration de l'ordre
si gravement compromis. Nous ne nous dissi-
mulons pas toutes les critiques que l'on peut adresser à notre travail, et nous sommes le premier
à reconnaître ce qui lui manque.

On trouvera peut-être que l'on a donné trop
d'importance à des objections puériles ou ridicules;
mais l'expérience démontre que ce sont les arguments les moins raisonnables et les moins
justifiés qui acquièrent une certaine faveur et que

l'on répète plus fréquemment ; ce sont ceux-là qui tiennent la plus grande place dans les polémiques quotidiennes, ce sont ceux qui sont cotés plus haut dans l'estime des révolutionnaires.

Si l'on avait voulu se borner à faire une œuvre purement littéraire, on aurait abrégé les nombreuses citations que l'on trouvera dans le cours de ce livre. Mais il a paru que dans des matières si vivement controversées, il était bon de s'appuyer sur des autorités dont la compétence est indiscutable. On a fait aux ouvrages récemment publiés, aux journaux conservateurs des emprunts fréquents. Il arrive très - souvent, en effet, que les écrits périodiques renferment des articles excellents; on les parcourt rapidement et le souvenir s'en efface très-vite. On a recueilli dans la polémique contemporaine des arguments solides, et on s'est servi de ces armes, en indiquant toujours la source où elles étaient puisées.

Voulant embrasser la question politique dans son ensemble, nous avons été souvent obligé de condenser en quelques pages des arguments qui auraient demandé de plus longs développements. N'écrivant pas spécialement pour les classes élevées, nous avons été contraint d'expliquer, plus qu'il ne l'aurait fallu au point de vue de l'art, des sujets qui, sans cela, n'auraient peut-être pas été parfaitement compris par tous les lecteurs.

Notre seul désir, en publiant ce très-modeste travail, a été d'être utile; et nous serions recompensé, s'il servait à dissiper quelques préjugés, à réfuter des erreurs trop répandues et à montrer à tous, la profonde harmonie de la monarchie légitime, envisagée comme elle doit l'être, avec les traditions, les mœurs, les besoins de la société française. Enfin, puissions-nous voir la France, agitée par de si violentes tempêtes, retrouver le calme, la sécurité, la paix, à l'ombre de ce trône que rien n'a pu remplacer, sous les plis glorieux de cet étendard qui a si souvent conduit nos pères à la victoire et a fait de la France le missionnaire de la civilisation et du progrès.

IMPRIMERIE GÉNÉRALE DE CHATILLON-SUR-SEINE, JEANNE ROBERT